Lob der Religionskritik – Wozu glauben?

von Rudolf Hubert

(Hrsg.: Hans-Jürgen Sträter)

Impressum:

Lob der Religionskritik – Wozu glauben?

von Rudolf Hubert

Herausgeber: Hans-Jürgen Sträter

Herstellung und Verlag: BoD – Books on Demand, Norderstedt

ISBN: 9783755781479

Ausgabe vom 1. Januar 2022

I.

Der Schweizer Theologe *Hans Urs von Balthasar* hat in einem – zugegebenermaßen gewagten - ‚Durchblick' die wichtigsten Infragestellungen des religiösen Glaubens gewissermaßen ‚aufsummiert'. Er ging in seinem Büchlein „In Gottes Einsatz leben"[1] alle diese Fragestellungen durch bzw. ging auf sie ein.[2] Diese Impulse sind auch deshalb so wichtig, weil unser Glaube bei den ‚Zeitgenoss*innen' oftmals gar kein Thema (mehr) ist. Es ist u.a. das *große Verdienst der Religionskritiker, dass sie nicht zulassen, dass die Frage nach Gott verstummt.*

„Es findet wie ein Wettlauf statt, wer wirksamer und tiefer diese Freiheit verstehen und durchsetzen kann. Der Atheismus ist ganz mit diesem Thema beschäftigt: Befreiung der Vernunft von den Fesseln des Glaubens (Aufklärung)..."[3]

---

[1]Hans Urs von Balthasar „In Gottes Einsatz leben", Johannes Verlag Einsiedeln,1971

[2]In der Lage war von Balthasar dazu auf Grund seines umfassenden Wissens, das sich u.a. in seinem vielbändigen Werk (Hauptwerk 16 Bände – Herrlichkeit – Theologik – Theodramatik) niederschlug.

[3]Hans Urs von Balthasar „In Gottes Einsatz leben", Johannes Verlag Einsiedeln,1971, S.14

Die Begriffe der Religion, also ‚Glaube', ‚Gott' etc. sind heute für sehr viele Menschen fast so etwas wie Fremdwörter, Begriffe einer fremden Sprache geworden. Das hat u.a. auch damit zu tun, dass Leben und Glauben als zwei verschiedene Wirklichkeiten aufgefasst werden. Genau das sind sie aber nicht! Darauf macht der große Schweizer Theologe aufmerksam: Immer geht es um die Freiheit des Menschen, um seine Sehnsucht, doch endlich frei zu sein – frei von Sorgen und Nöten, von Ausbeutung und Unterdrückung, frei auch von allen Illusionen.

„Dort (im Leben, RH) *erübrigt sich auch die Angst vor der Provokation durch atheistische Freiheitsentwürfe. Denn sie alle stehen schließlich mit den Christen zusammen in der gleichen Provokation durch die Weltwirklichkeit selbst...und können ihr nur mit einer diese Wirklichkeit transzendierenden Utopie begegnen...."* [4]

Hans Urs von Balthasar geht auf die vielen Sehnsüchte des Menschen auf Befreiung ein. Sie sind einerseits legitim, denn sie entstammen einer oft grausamen, schuldigen, dramatischen Wirklichkeit, die die Menschen

---

[4]Hans Urs von Balthasar „In Gottes Einsatz leben", Johannes Verlag Einsiedeln,1971, S. 114 – Die nachfolgenden Zitate ohne weitere Angaben entstammen den Seiten 14 sowie 114 aus „In Gottes Einsatz leben".

bedrückt. Andererseits stellt er fest, dass diese „Provokation" alle Menschen angeht, seien sie nun Gläubige oder nicht. Da hat also zunächst niemand einen Vorteil. Das ist weder tröstlich noch wertend gemeint, sondern beschreibend: Die uns provozierende Weltwirklichkeit gilt. Und die Frage ist, wie man mit ihr angemessen umzugehen gedenkt.

II.

Lob gebührt den Kritikern der Religion, weil sie die Frage nach Gott offenhalten in einer Zeit, in der diese Frage oft gar nicht (mehr) gestellt wird.

„Befreiung des wirtschaftlich versklavten Menschen zu menschenwürdiger Arbeit (Marx)."

Es war das große Verdienst von *Karl Marx*, zu erkennen, wie sehr Menschen unter ungerechten Strukturen leiden. Im 19. Jahrhundert, als die industrielle Revolution durch Dampfmaschine, durch Eisenbahn und andere technische Errungenschaften Einzug hielt, strömten viele Menschen aus Dörfern und Landschaften in die großen Städte. Dort, in den Fabriken, waren die Arbeitsbedingungen nicht nur schlecht. Sie sorgten auch dafür, dass Besitzer von Produktionsmitteln reich wurden, während ganze Schichten von Menschen in bitterste Armut gerieten. *Papst Benedikt* em. lobte in seiner *Enzyklika „Auf Hoffnung hin leben"* die analytische Kraft von *Marx*, der mit seinem Werk viel früher als viele andere diese Missstände erkannte und Lösungsversuche angeboten hat. Erst 50 Jahre später als das *Kommunistische Manifest* erschien beispielsweise die erste *Sozialenzyklika Rerum Novarum*.

Karl Marx, der in seiner Kritik den ‚Pfaffen' vorwarf, den Menschen einen ‚Himmel' vorzugaukeln, um sie ruhig zu stellen und sich in ihr Schicksal zu ergeben statt den ‚revolutionären Klassenkampf' aufzunehmen, hat scharf und präzise analysiert. Aus seiner Analyse der Produktionsverhältnisse erwuchs die große Stoßrichtung marxistischer Religionskritik. Dass nämlich das ‚irdische Jammertal' zu beenden sei durch revolutionären Kampf und nicht, wie die Kirche empfiehlt, es einfach auszuhalten, weil ja das ‚Himmelreich' winke.

Hans Urs von Balthasar ist in seiner Analyse dieser Kritik zunächst sehr nüchtern und realistisch, wenn er feststellt:

„Nie wird innerweltlich das Herr – Knecht – Verhältnis völlig aufhebbar sein (Marx)."

Dies ist doch die große Illusion, die auch die heutige Zeit prägt: Menschen wissen alles, Menschen können alles, es gibt nichts, was sich Menschen nicht leisten können. Der Glaube hat hier vielleicht tatsächlich einen großen ‚Ernüchterungsdienst' zu leisten: Menschen können viel – aber sie können nicht alles! Menschen haben eine Verantwortung – für sich, für ihre Mitmenschen und für eine intakte Umwelt. Der Illusion der totalen Befreiung setzt der Glaube die realistische Sicht der Hoffnung und der Liebe entgegen.

Besonders verwunderlich ist in diesem Zusammenhang, dass Ideologen *Marx* für etwas in Anspruch nehmen, wofür er nicht in Anspruch genommen werden kann. Zumindest in diesem Zusammenhang nicht. Denn sein Satz: *„Es ist das Sein, das das Bewusstsein bestimmt.",* bezieht sich bei ihm zunächst auf die Produktionsverhältnisse.

Marx, der *„Hegel entsagte"* und der deshalb die *„Sinnfrage im Ganzen"* nicht (mehr) stellte, ging es hier weder um Materialismus oder Atheismus, sondern um die Frage der Abhängigkeiten auf Grund des Besitzes bzw. Nichtbesitzes von Produktionsmitteln:

„Aber die Frage kann nicht unterdrückt werden: wer ist schließlich das Subjekt dieses realen, materiellen Prozesses? Kein unbewusster, absoluter Geist, wie bei Hegel...Aber auch der Mensch nicht, der ja aus Not jenen Arbeitsprozess beginnt, der ihn in noch größere Not hineinführt, um ihn erst zuletzt zu erlösen. Wer also? Marx hat zu philosophieren aufgehört, als er Hegel entsagte; so wird die Sinnfrage im Ganzen nie mehr gestellt. Das Faktum, dass der Mensch ist, genügt. Dies Faktum selber erhellt kein Licht. So kann den Prozess schließlich nur eine absolute Notwendigkeit führen. Weder Gott noch Mensch, sondern die Logik der Sache, des Kapitals, dirigiert die Geschichte."[5]

---

[5]Hans Urs von Balthasar „Herrlichkeit", „Im Raum der Metaphysik", S.926 f, Einsiedeln 1965

Interessant ist auch jene Form der Religionskritik, die den Menschen in seinen vielfältigen Verstrickungen und Abhängigkeiten sieht, von denen er sich befreien muss - und befreien kann. Der gesamte Ansatz der Psychoanalyse, wie sie insbesondere von *Sigmund Freud* vorgetragen wurde, basiert auf dieser Vorstellung, dass der Mensch seine Komplexe, seine Ängste und seine Wertvorstellungen abstreifen müsse, um endlich frei zu sein.

„Befreiung des Individuums von den Ketten seiner unbewältigten Vergangenheit (Freud)."

Der Mensch wird nach dieser ‚Lesart' frei, sobald er sich darüber bewusstwird, dass Vater, Mutter, Lehrer, überhaupt alle Autoritäten, ihm gar nichts zu sagen haben. Er – und nur er – muss sich sagen, welches sein Weg ist. Die Wertmaßstäbe der Vergangenheit gelten nicht für den – nunmehr mündig gewordenen – Menschen. Was sollen da erst die Vorgaben der Kirche, des Glaubens?

Doch der Aufruf zur absoluten Befreiung des Menschen von Seiten der Anthropologie erweist sich bei näherem Zusehen - als Illusion. Wiederum wird man mit *von Balthasar* sagen müssen:

„nie wird der Mensch seinen Ursprung völlig einholen und verarbeiten (Freud)... Nie wird in dieser Welt der

Mensch den wahrhaft freien ‚homo absconditus' (Bloch)
aus sich selber heraus zaubern oder eine aggressionslose
Natur (Marcuse) konstruieren können."

Der Mensch wird nie völlig autonom sein könne, denn er hat sich auch das Leben nicht selber gegeben. Ebenso nicht die Zeit-, und Ortsumstände, auch nicht die Menschen, die mit ihm zusammen leben usw. Es ist eine Illusion, die auch heute mit großem medialen Aufwand vorgetragen wird, dass der Mensch sich niemandem verdankt, dass er sein Schicksal selbst bestimmt.

Es geht nicht darum, dass der Mensch ‚die Hände in den Schoß legen' soll. Ganz im Gegenteil, er soll jene Kräfte gebrauchen und jene Gaben einsetzen, die ihm geschenkt worden sind. Wohl aber geht es darum, zu verstehen, dass der Mensch in vielfältigen Bedingungen und Abhängigkeiten existiert, die er nicht 'mal einfach so abstreifen kann. Das gute deutsche Wort *Schicksal* ist hier sehr bezeichnend, denn der Mensch erfährt die Welt als *Geschick*. Ihm wird etwas *zugeschickt*. Die Frage bleibt schlussendlich, ob und wer da ist, der *schickt*. Die Evolution, der Zufall, das Nichts – oder etwa ‚Gott'?

Die Anfragen an die Religion, an den Glauben gipfeln vielleicht in jener Anfrage, die der Pastorensohn aus Röcken am schärfsten formuliert hat: *Friedrich Nietzsche*. Er hoffte und glaubte an die

„Befreiung der gesamten Menschheit vom Alpdruck eines nicht mehr geglaubten, als Leiche in der Welt-geschichte mitgeschleppten Begriffes Gott (Nietzsche)."

Vielleicht hat niemand radikaler Gott in Frage gestellt als *Nietzsche*, vielleicht – wer weiß es schon? – hat niemand auch so sehr um und mit Gott gerungen wie *Nietzsche*. Ihm war Gott nie egal! Er sah ihn als so schädlich an, dass selbst der Begriff ‚Gott' getilgt werden muss, damit der Mensch frei wird. Die Frage bleibt: Warum diese Intention in dieser Intensität? *Nietzsche*, der nicht sehr alt wurde und der zehn Jahre lang in geistiger Umnachtung verbrachte, fand sein Grab auf dem Friedhof neben der Kirche, in der er von seinem Vater, dem evangelischen Pastor, getauft wurde. Vielleicht ist der Ort des Grabes von *Friedrich Nietzsche* geradezu ein Symbol für den, der als größter „Gotteshasser" und „Gottesleugner" verschrien wurde, der das Buch schrieb „Antichrist" und der von sich sagte: *„Wenn es Gott gibt, wie hielte ich es aus, nicht Gott zu sein?"*

III.

Vielleicht ist diese Aussage *„Wenn es Gott gibt, wie hielte ich es aus, nicht Gott zu sein?"*

d e r Schlüssel, um den tiefsten Grund der Religionskritik – nicht nur *Friedrich Nietzsches* - zu erspüren. Denn *von Balthasar* macht uns auf eine ganz einfache, elementare Erkenntnis aufmerksam, die allen angemaßten menschlichen Fantasievorstellungen von Allmacht und Größenwahn wie ein Spiegel entgegen gehalten werden kann, ja – um des Menschen willen! – entgegengehalten werden muss:

„nie wird er (der Mensch, RH) *als ‚Übermensch' der vollkommen Schenkende, sich niemandem Verdankende sein (Nietzsche)."*

Friedrich Nietzsche schuf den Begriff des ‚Übermenschen'. Der ‚Übermensch' ist der, der sich niemandem verdankt, der alle beherrscht, dem sich bzw. der sich alles unterwirft. Wir wissen im 21. Jahrhundert sehr genau, wohin diese Wahnvorstellungen im 20. Jahrhundert geführt haben, wenn und weil sich eine ‚Herrenrasse' ermächtigt fühlte, die Weltherrschaft anzustreben und dabei den Versuch unternahm, Minderheiten, wie beispielsweise Menschen jüdischen Glaubens, mit staatlicher Gewalt, bürokratischem Aufwand und technischer Intelligenz gänzlich zu vernichten.

Wir wissen um das millionenfache Elend von Menschen, die sich totschuften mussten, nur um gottgleiche Machtfantasien zu befriedigen. Wir kennen buchstäblich ‚Mord und Totschlag' von Staats wegen, weil Menschen auf Grund ihrer Herkunft und ihrer Begabungen angeblich per se so genannten ‚Klasseninteressen' widersprechen (müssen). Sie gilt es, zu ‚liquidieren' *(Lenin)*

All das ist hinreichend bekannt, so dass die Frage unabweisbar wird: Wozu ist Glaube, wozu ist Religion gut? Ja, warum überhaupt *‚glauben'*?

Die Anfragen an die Religion halten zumindest die religiöse Frage offen. Heute verschwindet sie oft im Alltagstrott, im grellen Licht der Reklamen und in der Informationsflut, in der alles gleich - wertig ist. Vielleicht sollten wir deshalb den Religionskritikern gegenüber vor allem eines sein - dankbar! Ihr Kampf *gegen* die Religion ist ja oftmals ein Kampf *um* Religion. Er schärft die Antwort des Glaubens, indem er vorschnelle und ungenügende Antworten als solche entlarvt:

„Ist nicht dieser ewige Sündenfall in der Geschichte der Philosophie, nicht nur im Gebiet des Erkennens, der Ausdruck dessen, was im Leben des unerlösten Menschen existentiell immer aufs neue geschieht: Gott nur das sein zu lassen, was die Welt ist, Gott zu machen nach dem Bilde des Menschen, Frömmigkeit zu fassen als Andacht

zur Welt, die Möglichkeiten des Menschen nicht nach den Möglichkeiten Gottes zu bemessen, sondern nach dem, was der Mensch selbst von sich aus davon zu realisieren vermag? Aller Götzendienst ist nichts als der konkrete Ausdruck für die existentielle Haltung des Menschen, die aufbaut auf dem Entschluss, Gott nichts sein zu lassen als nur die ursprüngliche Einheit der Mächte, die diese Welt und die Schicksale des Menschen durchwalten. Und selbst die geistige Philosophie eines Hegel betet noch einen Götzen an, den absoluten Geist, der im Menschen und in seiner Wesensentfaltung sich selber findet. Und die tragisch – heroische Philosophie eines Heidegger hat auch ihren Götzen: Wenn der Mensch von sich allein aus nur zum Tode ist, dann muss für diese Philosophie eines letzten Ressentiments eben auch für alles und jedes der Tod das letzte sein: weil der Gott des Menschen für diese Philosophie nicht mehr sein darf als der Mensch selbst, betet sie den Tod als ihren Gott an, ist für sie das Höchste das Nichtigste; das Sein und das Nichts sind dasselbe."[6]

Hans Urs von Balthasar drückt diesen ‚Befund' ganz ähnlich aus:

„Atheismus im eigentlichen Sinn, als Antitheismus, gibt es erst nach Christus. Der Materialismus eines Demokrit

[6]Karl Rahner „Schriften zur Theologie", III, Einsiedeln Zürich Köln 1962, S.94 f

oder Lukrez war etwas ganz anderes: eine Art tragischer Frömmigkeit. Nachchristlich ist Atheismus in seiner konsequentesten Form das Postulat, der Mensch dürfe, um kein Entfremdeter mehr zu sein, sondern den <<positiven Humanismus>> zu erreichen, sich niemandem mehr außer sich selber verdanken, und auf dieses Ziel hin müsse der ganze wirtschaftliche und kulturelle Weltprozess zusteuern. In dieser Forderung treffen sich die weltmächtigsten Ideologien von heute, ob sie nun von Feuerbach oder Marx oder Nietzsche oder Freud vorgetragen werden. Der Konfrontation mit ihr kann die Christenheit sich nicht entziehen ...Die Christen erleben wie keine Generation zuvor, wie zweideutig aller irdischer Fortschritt ist, wie leicht und beinah automatisch die Werkzeuge, die dem Menschen die Herrschaft über Zeit und Raum einhändigen, ihn selbst unversehens in Ketten schlagen und entmenschen. Und je mehr materielle Macht ihm zufällt, desto mehr ballen sich die Machtblöcke – notwendig gegeneinander."[7]

Schlussendlich steht eine einzige, entscheidende ‚Frage auf dem Spiel' des Lebens: Sind wir, wie der französische Philosoph Sartre meinte, eine *verdammte* Existenz ODER können wir der Auskunft der Religionen Vertrauen entgegenbringen, die im Allerletzten sagen: Wir sind eine *verdankte* Existenz?

---

[7]Hans Urs von Balthasar „Kleine Fibel für verunsicherte Laien", Einsiedeln, Trier 1989, S. 98 ff

Und auch (vielleicht vor allem?) die umgekehrte Richtung gilt es zu sehen: Überall, wo Menschen dem Leben trauen, wo Gutes geschieht, wo Vertrauen gewagt wird, wo Hoffnung und Liebe das Leben bestimmen, leben Menschen aus Quellen, die etwas von DEM anzeigen, was gläubige Menschen versuchen, in' s Wort zu bringen und in Gemeinschaft zu bezeugen.

„Es wird von daher eine Überlebensfrage der Menschheit an den Glauben sein, ob er die Kraft besitzt, den uralten Widerstreit von Natur und Kultur zu lösen, und ob es den Gruppen der Glaubenden...gelingt, der Einbeziehung des biologischen Erbes in den Existenzentwurf der Selbstvergötterung zu wehren, oder ob der Mensch das Problem seiner evolutiven Herkunft, statt in Freiheit aus dem Glauben, mit rein biologischen Mitteln, also unter frei vollzogener Ausschaltung der Freiheit, wird lösen müssen. Die eigentliche Entscheidung zwischen dem Völkerschicksal Babylons und dem Lebensprinzip des Volkes der Bibel, die Entscheidung zwischen der Apokalypse und dem Reich Gottes bleibt nach wie vor und immer wieder das Kernproblem der Geschichte. Der Glaube müsste imstande sein zu zeigen, dass das Verlangen nach Liebe (die ,Sexualität' Freuds) nicht böse ist, wenn es in absoluter, die Angst des Daseins beruhigender Weise in Gott seine Erfüllung findet, und dass das Streben nach Durchsetzung und Geltung (die ,Aggression' Adlers) seine Destruktivität verliert, wenn es

im Glauben erfährt, dass das eigene Dasein absolut vor Gott Berechtigung und Ansehen besitzt. Das Leben nach den Räten des Evangeliums scheint ein Weg zu sein, diese Kraft des Glaubens unter Beweis zu stellen; es scheint ein Versuch zu sein, die Probe aufs Exempel zu machen, ob der Glaube recht hat, wenn er behauptet, dass Gott allein genügt, die Daseinsangst des Menschen zu beruhigen."[8]

Sind wir eine *verdammte* oder eine *verdankte* Existenz? Dazwischen – und nur dazwischen - entscheidet sich das Menschenschicksal. Darum ist hier auch der Ort, die *Antwort des Glaubens* zu geben. Es ist auch an der Zeit für diese Antwort. Denn wir müssen sie ja nicht alleine geben. Wir können uns glücklich schätzen, dass es immer wieder großartige Glaubenszeugen in Geschichte und Gegenwart gab bzw. gibt, die diesen Glauben so glaubwürdig vermitteln, dass ihr Zeugnis auch uns ermutigt, das Wagnis des Glaubens als Option des Lebens einzugehen. Einer dieser großartigen Zeugen ist *Karl Rahner*, der uns die Schönheit und Weite unseres Glaubens erschließt:

„Das Christentum stellt ...dem Menschen die eine Frage, wie er sich im Grunde verstehen wolle: ob als handelndes Wesen nur im Ganzen, das mit dem Ganzen als solches

[8]Eugen Drewermann „Strukturen des Bösen", III, Paderborn 1978 (8. Auflage 1996), S. 561 f

nichts zu tun hat...oder als empfangend – handelndes Wesen des Ganzen, das es auch mit dieser Bedingung seines Erkennens, Handelns und Hoffens als solcher zu tun hat und im zukunftsschaffenden Handeln innerhalb des Ganzen dieses Ganze, die absolute Zukunft selbst auf sich zukommen, für sich selbst Ereignis werden lässt. Das ist im letzten die einzige Frage, die das Christentum stellt... Mit Gott, endgültiger Unmittelbarkeit zu ihm, Gnade und Jesus Christus ist ...das Ganze der Heilswirklichkeit umgriffen...Da aber alle diese Worte nur das eine besagen, dass nämlich die Welt eine absolute Zukunft, und zwar wirklich als heile besitzt, dass ihr Werden erst in der Absolutheit Gottes selbst ihr Ziel hat, so ist es berechtigt, wenn wir sagen, das Christentum sei die Religion der absoluten Zukunft."[9]

„Das Christentum und die Kirchen gewinnen langsam ein neues...Verhältnis zu den nichtchristlichen Weltreligionen...Das Christentum kann zwar den Anspruch nicht aufheben, das umfassende und nicht überholbare Wort der Gnade in Jesus ...gehört zu haben und zu verkündigen. Aber das Christentum leugnet darum nicht, dass der Geist Gottes inmitten der menschlichen Endlichkeit und schuldigen Verirrung überall in der Geschichte befreiend am Werke ist, der Geist, in dem Jesus sich im

[9]Karl Rahner in „Der Dialog" von Garaudy/Metz/Rahner Hamburg 1966, S. 14-17, auch in „Schriften zur Theologie VI, Einsiedeln-Zürich-Köln 1965, S. 80-82

Tod an Gott übergab. Von diesem Geist und nicht nur von der menschlichen Begrenztheit geben auch je in ihrer Weise und Art die nichtchristlichen Weltreligionen Zeugnis. Viele von ihren vorläufigen und großen Erfahrungen können auch als Teilantwort in die umfassende Antwort, die Jesus ist, eingetragen werden, weil die Geschichte der christlichen Botschaft ja noch gar nicht zu Ende ist. Der Atheismus ...kann vom Christentum nicht allein als Offenbarung des Neins des Menschen verstanden werden...sondern auch als ein Moment in der Geschichte der Erfahrung Gottes, in der Gott immer radikaler als das anzubetende Geheimnis erscheint, dem wir uns in Hoffnung überlassen. "[10]

"Zuletzt sei eben dieser Glaube selbst nochmals beschworen und gepriesen: Der Glaube unserer Väter und unseres eigenen Lebens, der Glaube, der von Anfang an war und durch die Geschichte der Menschheit und ihres Heiles immer mehr zu sich kam, bis in Jesus Christus Gottes Wort und des Menschen Hören, gemeinte Wirklichkeit und ihre Aussage, Verheißung und Erfüllung ihre absolute Einheit fanden; der Glaube der Kirche, der Glaube, in dem die inwendigste Gnade und das amtlich strenge Wort von außen sich selig begegnen; der Glaube, der ganz einfach ist, weil er das Eine, Ungeheuerlichste sagt, aus dem allein wir doch leben können, dass Gott-

[10]Karl Rahner „Praxis des Glaubens", Zürich-Köln/ Freiburg-Basel-Wien 1982, S. 37 f

Gott ist: Das anzubetende, ewige Geheimnis, das als ebendieses sich selbst in radikalster Unmittelbarkeit uns schenkt, so dass wir diese in der Erfahrung der Gnade in unserer eigenen Existenz greifen und in der Geschichte in Jesus Christus leibhaftig anblicken können; der Glaube, der die höchste Last und die schwebende Leichtigkeit unseres Daseins, Gottes reine Gnade im Vollzug unserer eigensten Freiheit ist; der Glaube, den unser armes Stammeln bekennt und verkündigt, so verkündigt, dass Gott diese Herolde nach seinem endgültigen Wort in Christus trotz der Dummheit der Menschen, der Enge der Geister und Herzen, der Zerteiltheit ihrer Geschichte, nicht mehr endgültig aus seiner Wahrheit herausfallen lässt; der liebende Glaube, der uns rechtfertigt, der uns die Kraft des Lebens und die Zuversicht des Sterbens sein soll; der Glaube, der dort noch gesiegt haben kann, wo man meint, nicht zu glauben; der Glaube, der nie uns so gegeben ist, dass wir nicht täglich neu in Anfechtung und Gebet ihn uns erbeten müssten, weil er ewig Gottes Gnade bleibt, und wir somit, indem wir unseren Glauben bekennen, darin immer demütig gestehen, dass wir von uns allein aus feige, schwache, blinde Kleingläubige oder Ungläubige sind."[11]

[11]Karl Rahner „Im Heute glauben", Einsiedeln 1966, S. 52 f

Zum Autor

„Rudolf Hubert (geb. 1958) ist Referent für Caritas-pastoral in der Caritas für das Erzbistum Hamburg e.V. Als Schüler in der ehemaligen DDR ist er auf das Büchlein von Karl Rahner gestoßen: "Von der Not und dem Segen des Gebetes". Mit diesem Büchlein konnte er spirituell und intellektuell in der damaligen Situation Boden gewinnen. Seine anhaltende Beschäftigung und vertiefende Auslegung des Werkes Karl Rahners hat er in der umfassenden Studie zusammengefasst: „Im Geheimnis leben - Zum Wagnis des Glaubens in der Spur Karl Rahners ermutigen" (Würzburg: Echter 2013). Dieses Werk kann als vertiefende Auslegung ebenso empfohlen werden, wie als mystagogische Anleitung zur eigenen Glaubensfindung bzw. -vertiefung."

Prof. Dr. Roman A. Siebenrock, Universität Innsbruck

Wer glaubt, lebt aus dem Geheimnis

von Klaus P. Fischer
Hardcover, 160 Seiten, ISBN: 9783751920438, € 19,90

Der Traditionsbegriff "Christliches Abendland" ist dem Bewusstsein weiter Kreise abhanden gekommen. Viele empfinden dieses Erbe wie einen schlechten Traum. Heute favorisiert man die pluralistische oder "offene" Gesellschaft. Wer sich allerdings öffentlich zum christlichen Glauben bekennt, riskiert das Etikett "Traditionalist". Wenn jedoch aus einer Kathedrale wie Notre Dame de Paris Flammen schlagen, erschrecken viele Zeitgenossen abgrundtief - als spürten sie, dass mit ihr ein geistig-geistliches Erbe droht verlorenzugehen.

Gott als Geheimnis des Menschen
Annäherungen an Karl Rahner

von Siegfried Hübner / Klaus P. Fischer

Hardcover, 280 Seiten, ISBN: 9783755701231, € 29,90

Leserinnen und Leser, die sich heute - ca. 40 Jahre nach Karl Rahners Tod - um das Verständnis seiner Theologie bemühen und von ihr lernen wollen, werden wohl mit Interesse einige Studien (im Laufe von Jahrzehnten sehr verstreut veröffentlicht und heute schwer greifbar) aufnehmen, die zwei Schüler aus Rahners Innsbrucker Lehr-Zeit über zentrale Aspekte seiner Theologie in einem Band gesammelt vorlegen. Die Texte werden - mit geringfügigen Ausnahmen - mitsamt Anmerkungen unverändert und ungekürzt dargeboten. So tragen sie den Stempel ihrer Erscheinungszeit innerhalb der Zeit der Kirche und der eigenen Biographie. Jene zwei Aufsätze, die zu seinen Lebzeiten erschienen, hat Karl Rahner selbst noch zur Kenntnis genommen.

Die Beiträge 3, 5, 8 und 10 stammen von Siegfried Hübner, die übrigen von Klaus P. Fischer.

DER MENSCH VOR DEM DUNKLEN GOTT
TOD UND AUERSTEHUNG DES GLAUBENS

von Klaus P. Fischer

Paperback, 92 Seiten, ISBN: 9783754352922, € 12,90

Dass es noch Menschen gibt, die an Gott glauben, ist für viele Leute ein Rätsel. Die Härte und Gleichgültigkeit der Welt, erschreckende Schicksalsschläge verdunkeln das Gottesbild. Nicht selten aber gestehen selbst Prominente ein, sie würden gern glauben, könnten es aber nicht. Vielen fehlt der Zugang zum Gott der Bibel. Die vorliegende Schrift möchte nachdenklichen Lesern einen Zugang eröffnen.

Selbstfindung durch Glauben
Christsein als Alternative
von Klaus P. Fischer

Paperback, 220 Seiten, ISBN: 9783735750976, € 14,90

Zunehmend junge Menschen haben das Gefühl, die Leistungs- und Konsumgesellschaft vermittle ihnen wesentlich nur materielle, diesseitige Normen, lasse sie jedoch, bei all ihrer weltanschaulichen Offenheit, in Fragen nach Lebenssinn und ethisch-humanen Bezügen allein: Hauptsache sei, dass man in seinen jeweiligen Pflichtbereichen so gut wie möglich 'funktioniere', Persönliches sei eben „privat" und dürfe Funktion und Leistung nicht berühren; vielmehr müsse jemand, um vorwärts zukommen, die Bereitschaft haben, „mit den Wölfen zu heulen" und notfalls Skrupel zu unterdrücken. Denn – so soufflieren die Meinungsmacher – „jede(r) ist ersetzbar". Auch lebt in der säkularen Gesellschaft eine sich verstärkende Neigung, Gott und Glaube als überflüssig, für das reibungslose Funktionieren sogar schädlich zu suggerieren. Was bei diesem Bestreben nicht so offensichtlich ist: wo Gott und Glauben als überflüssig angesehen werden, wird bald auch der einzelne Mensch überflüssig und sein Schicksal uninteressant. Die meisten von uns können nicht außerhalb der Gesellschaft leben. Doch können wir in der Weise „alternativ" werden, dass wir lernen, uns ein eigenes Urteil zu bilden – ein eigenes Urteil auch aus den Quellen des Glaubens, um daraus Kraft und Mut zu schöpfen zu kritischer Distanz und Eigenverantwortung mit der Courage, gewonnene Einsichten auch an geeigneter Stelle in Vorgänge und Mechanismen der Gesellschaft mit einzubringen. So könnten wir beitragen, sie humaner zu gestalten, nämlich im Sinne der „Menschenfreundlichkeit Gottes", wie er sie in Jesus Christus gezeigt hat. Denn Jener, der 'Ur-Christ' schlechthin: Jesus Christus, er verstand die Menschen, ging auf sie zu, beriet und heilte viele, brachte ihnen sein befreiendes Wissen um Gott und von Gott nahe.

Schöpfungsglaube im evolutiven Weltbild
Das biblische Zeugnis vor der modernen Kritik

von Klaus P. Fischer

Paperback, 120 Seiten, ISBN: 9783735787248, € 9,90

In der Öffentlichkeit herrscht der Eindruck vor, die Evolutionstheorie mache den Schöpfer-Gott überflüssig: Hat sich der Kosmos, die Erde, das Leben aus kleinsten Anfängen gesetzmäßig entwickelt, bedürfe es keines Schöpfers - der sich gesetzmäßig seit „Ewigkeiten" entwickelnde Weltstoff übernehme ja die Funktionen des alten Schöpfers. Die Schöpfungserzählungen der Bibel werden als vorwissenschaftliche Hypothesen beiseite gelegt. Es könnte aber sein, dass der biblische Text Einsichten enthält und eine Weisheit bewahrt, die jenen verborgen ist, die sich der Welt bloß analysierend, messend, rechnend nähern. Das vorliegende kleine Werk will zeigen, dass man sich buchstäblich einer Ur-Kunde beraubt, wo man das evolutive Weltbild zur allein gültigen Offenbarung macht.

Karl Rahner
Kirchenlehrer der Postmoderne

von Rudolf Hubert

Paperback, 52 Seiten, ISBN: 9783754349281, € 5,00

Wir sollten Ausschau halten nach den christlichen Heiden, d. h. nach den Menschen, die Gott nahe sind, ohne dass sie es wissen, denen aber das Licht verdeckt ist durch den Schatten, den wir werfen. Vom Aufgang und Niedergang ziehen Menschen ins Gottesreich auf Straßen, die in keiner amtlichen Karte verzeichnet sind. Wenn wir ihnen begegnen, sollten sie an uns merken können, dass die amtlichen Wege, auf denen wir ziehen, die sicheren und kürzeren sind.

Freude am Wagnis des Glaubens

von Rudolf Hubert

Paperback, 48 Seiten, ISBN: 9783754357132, € 5,00

In unser heutigen Gott-fernen Zeit ist der Glaube an die Frohe Botschaft, an das Evangelium, eine besonders große Herausforderung, ein Wagnis der besonderen Art. Doch dieses Wagnis soll doch auch zur Freude dienen. In diesem Buch werden zu diesem Thema Theologen wie Karl Rahner und andere hörbar.

Das Geheimnis lasst uns künden
Glaubensgespräch heute oder Öffnung des Herzens an
verhülltem Tag

von Rudolf Hubert

Paperback, 56 Seiten, ISBN: 9783754351468, € 5,00

Wo ist eigentlich die Antwort auf Reinhold Schneiders
existentielle Anfragen zu finden, für die Winter in Wien
nur exemplarisch steht? Je mehr ich mich in diese Frage
vertiefe, desto bedeutsamer wird der 1958, im Alter von
nicht einmal 55 Jahren verstorbene Reinhold Schneider
mir. Anhand der Überlegungen zu geschichtsmächtigen
Personen wie Friedrich Schiller oder dem alttesta-
mentlichen Propheten Jeremia in Pfeiler im Strom spüre
ich: Hier thematisiert Schneider eigentlich meine Fragen.
Und sicherlich nicht nur meine! Er wird gewissermaßen
zum Stichwortgeber, der mir in zweifacher Hinsicht
hilfreich ist: Bei Reinhold Schneider fühle ich jene
Fragen in einer Tiefe an, und ausgesprochen, wie es heute
offensichtlich nicht mehr allzu häufig geschieht.

Aggiornamento
Ansichten zum Glauben im Heute

von Rudolf Hubert

Paperback, 64 Seiten, ISBN: 9783754351154, € 5,00

Der kirchlichen Verkündigung kommt, um des Menschen willen! gerade heute schon deshalb eine unverzichtbare Aufgabe zu! Die Frage nach dem Menschen offen zu halten und jeglicher Verkürzung zu wehren, deutlich und vernehmbar zu machen: Die entscheidende Dimension des Menschen ist die zu Gott selbst. Sie ist seine tiefste, von Gott, dem unendlich liebenden Geheimnis, eröffnete Möglichkeit. Und damit wird auch ersichtlich, dass die Liebe Gottes nicht nur unendlich ist. Sie ist zugleich so unbegreiflich, wie Gott unbegreiflich ist.